五·星·头·脑·风·暴

玩转一生的文字游戏

赵建林 编著

河北出版传媒集团
河北科学技术出版社

图书在版编目（CIP）数据

玩转一生的文字游戏 / 赵建林编著 . -- 石家庄：河北科学技术出版社，2015.6
（五星头脑风暴）
ISBN 978-7-5375-7574-4

Ⅰ . ①玩… Ⅱ . ①赵… Ⅲ . ①智力游戏—青少年读物 Ⅳ . ① G898.2

中国版本图书馆 CIP 数据核字（2015）第 092975 号

玩转一生的文字游戏

赵建林 编著

出版发行：河北出版传媒集团　河北科学技术出版社
地　　址：石家庄市友谊北大街 330 号（邮编：050061）
印　　刷：北京时捷印刷有限公司
开　　本：700mm × 1000mm　1/16
印　　张：8
字　　数：80 千字
版　　次：2015 年 6 月第 1 版
　　　　　2015 年 6 月第 1 次印刷
定　　价：29.70 元

目 录

第一章 趣味字词冲浪游戏

第二章　成语派对冲浪游戏

第三章　诗词名句冲浪游戏

第四章　缤纷谚语冲浪游戏

第一章　趣味字词冲浪游戏

文字和词语是组成语言的细胞，很多小朋友抱怨自己的词汇量少，不能很好的表达自己内心的想法；写作文时更是捉襟见肘，搜肠刮肚也想不出多少东西来。这就需要我们想方设法扩大自己的词汇量。

扩大词汇量有许多种方法，但普通方法可能有些枯燥，导致我们不能长久的坚持下去。研究证明，通过一些好玩的字词填空游戏，可以有效地调动我们学习字词的积极性，让我们在潜移默化中提高字词学习能力，达到扩大词汇量的目的。

你还在为语文学不好而发愁吗？你还在为提笔忘词而感到窝火吗？现在这一切都已不是问题，本章会带你徜徉文字和词语的海洋，让你在有趣的填字游戏中，感受祖国语言的神奇魅力。

1. “庆”字变身

“庆”
- 移动一点变成（　　）
- 再去掉两笔成（　　）
- 再移动一点成（　　）
- 再去掉一点成（　　）
- 再去掉一笔成（　　）

2. 移形换位

下面每个字，只要移动一个笔画就能变成一个新字，你会移动吗？

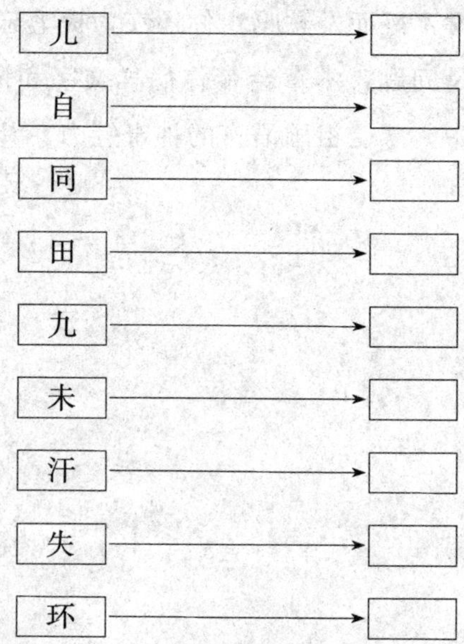

右 → □

3. 汉字加减法

以“渐”字为例，把“渐”字减一部分，再加上一部分，就会变成另一个新字。请将所得的新字填在下面的括号内。

渐－（氵　）＋（山）＝（　　）
渐－（车　）＋（扌）＝（　　）
渐－（车　）＋（木）＝（　　）
渐－（氵　）＋（曰）＝（　　）
渐－（氵　）＋（土）＝（　　）

4. 汉字大挪移

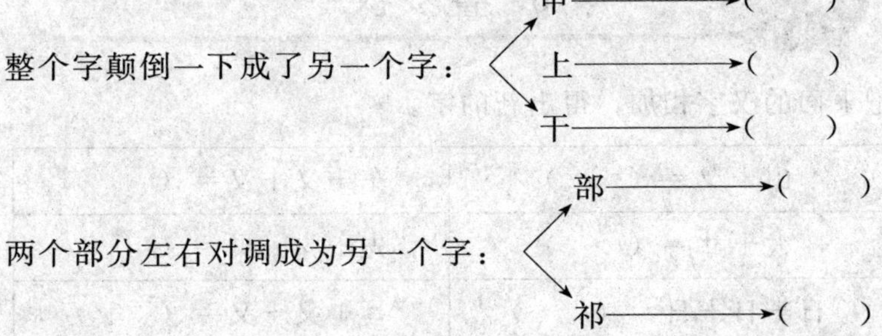

整个字颠倒一下成了另一个字：
- 甲 →（　　）
- 上 →（　　）
- 干 →（　　）

两个部分左右对调成为另一个字：
- 部 →（　　）
- 祁 →（　　）

把上半个字移到右边成为另一个字：

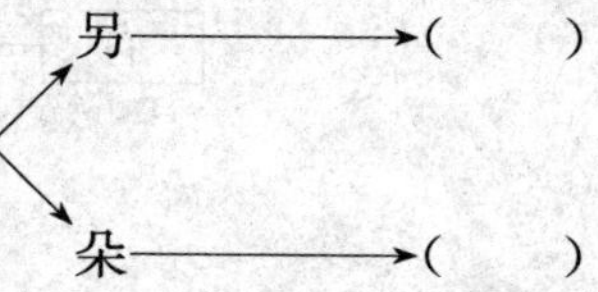

5. 八面玲珑

请在下面的括号内填入一个恰当的汉字，使它和周围的每一个字都能组成一个新字。

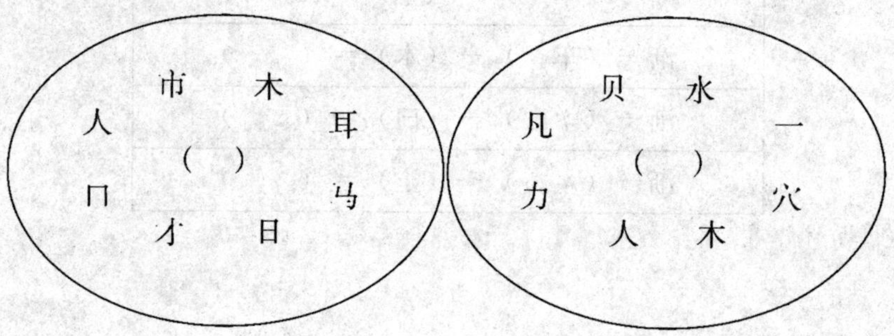

6. 叠罗汉

把下面的汉字相加，得出新的字。

山＋夕＝（　　）	车＋又＋又＝（　　）
大＋寸＝（　　）	先＋先＋贝＝（　　）
日＋日＋日＝（　　）	耳＋又＋又＝（　　）

山＋夕＝（　　）	车＋又＋又＝（　　）
木＋木＋木＝（　　）	广＋人＋人＋土＝（　　）
水＋水＋水＝（　　）	尸＋示＋寸＋心＝（　　）
夫＋夫＋日＝（　　）	广＋付＋内＋人＝（　　）

7. 时间概念

这里有 11 个字，都是表示时间的，请用其中一个字来表示下面的时间。

夕、昔、晨、昼、周、刻、旬、瞬、季、久

（1）表示日出的时间：（　　）
（2）表示很长的时间：（　　）
（3）表示很短的时间：（　　）
（4）表示九十天的时间：（　　）
（5）表示黄昏的时间：（　　）
（6）表示七天的时间：（　　）
（7）表示十天的时间：（　　）
（8）表示过去的时间：（　　）
（9）表示十五分钟的时间：（　　）
（10）表示白天的时间：（　　）

8. 各取一半

下面的每句话都是一个字谜，仔细想一想，在后面的方框中写出谜底。

（1）吃一半，吐一半。	
（2）花一半，果一半。	
（3）阳一半，阴一半。	
（4）你一半，我一半。	
（5）上一半，下一半。	
（6）根一半，叶一半。	
（7）留一半，甩一半。	
（8）红一半，绿一半。	
（9）秋一半，春一半。	
（10）李一半，桃一半。	

9. 火眼金睛

我们在做作业时难免会写出错别字，现在就用你的火眼金睛把下面的错别字找出来，并进行改正。

安祥　按装　按步就班　练习薄　常年累月　竞然

（　　）应该为（　　）

（　　）应该为（　　）

（　　）应该为（　　）

（　　）应该为（　　）

（　　）应该为（　　）

（　　）应该为（　　）

10. 神奇的“二”

请将下面方格中的每个“二”字加上两笔，使其组成16个不同的字。

二	二	二	二
二	二	二	二
二	二	二	二
二	二	二	二

11. 叹词的妙用

请在下面的叹词中选出合适的填入相应的句子里。

叹词：哦　唉　咦　嗯　哼　啊　嗨　呀

（1）______！我马上就来。

（2）______！小明，来一起玩吧。

（3）______！原来是这样。

（4）______！这朵花多美呀。

（5）______！你为什么骂人？

（6）______！我记起来了。

（7）______！又弄坏了一支钢笔。

（8）______！你怎么也到这儿来了？

12. 量词填空

一（　　）小鸟	一（　　）水井
一（　　）问题	一（　　）石头
一（　　）小树	一（　　）围墙
一（　　）球赛	一（　　）沙滩
一（　　）图画	一（　　）军舰
一（　　）鞋子	一（　　）石桥
一（　　）小路	一（　　）旗帜
一（　　）卡车	一（　　）沙子
一（　　）扫帚	一（　　）鲜花
一（　　）小嘴	一（　　）房子
一（　　）小伞	一（　　）火车
一（　　）老牛	一（　　）车厢
一（　　）衣服	一（　　）绳子

13. "保"字多用

保（　　）财产	保（　　）祖国
保（　　）身体	保（　　）秘密
保（　　）时间	保（　　）身材
保（　　）力量	保（　　）余地

14. 网络流行语

现在，随着时代的前进，社会的发展，语言也在不断发展，请将下面几个网络流行语填到相应的句子里。

流行语：超　闪　百度一下　菜鸟　挂

(1) 在网上（　　），就能解决这个问题了。
(2) 跟你相比，我简直就是网络（　　）。
(3) 你们大家慢慢聊，我有事，先（　　）了。
(4) 小玉哭着对同学说："这科我又（　　）了。"
(5) 萌萌一边吃着妈妈做的回锅肉，一边说："我（　　）爱吃这道菜。"

15. 兄弟肩并肩

有的词语是由两个部首相同的兄弟字组成的，比如，部首“讠”的兄弟词组为：“词语、认识”等。请写出下面部首的兄弟词语，至少写两组。

“亻”的兄弟词语：	
“艹”的兄弟词语：	
“辶”的兄弟词语：	
“虫”的兄弟词语：	
“木”的兄弟词语：	

16. “客”的变化

请根据下面所给出的词语，将表示“客”的名称填入空格里。

说客　游客　香客　顾客　刺客　贵客　政客　稀客

地位高贵的客人叫（　　）	到处游说的人叫（　　）
游山玩水的客人叫（　　）	专门搞暗杀的人叫（　　）
购买东西的客人叫（　　）	不经常来的客人叫（　　）
搞政治投机的人叫（　　）	去寺院烧香的人叫（　　）

17. 单音叠词

请将下面的单音叠词补充完整。

例：乐滋滋

喜（	）（	）
兴（	）（	）
水（	）（	）
懒（	）（	）

绿（	）（	）
孤（	）（	）
雄（	）（	）
傻（	）（	）

18. 近义词组

有些词语是由近义词组成的，比如：贫穷，“贫”和“穷”表达的是一个意思。下面请根据前一个字的意思写出后一个字，组成词语。

寻（　　）	肥（　　）	黑（　　）
追（　　）	弯（　　）	巨（　　）
躲（　　）	甘（　　）	思（　　）

寻（　　）	肥（　　）	黑（　　）
观（　　）	行（　　）	忧（　　）
包（　　）	议（　　）	欢（　　）
摇（　　）	催（　　）	打（　　）

19. 反义词语

有一些词语是由反义词组成的，比如：始终，“始”和“终”的意思是相反的。请根据前一个字写出与它意思完全相反的字，填在括号内。

开（　　）	是（　　）	反（　　）
安（　　）	得（　　）	彼（　　）
出（　　）	呼（　　）	天（　　）
升（　　）	吞（　　）	动（　　）
高（　　）	进（　　）	沉（　　）
今（　　）	冷（　　）	古（　　）

20. 神奇的字

下面四句话，说的都是一个字，你知道是哪个字吗？

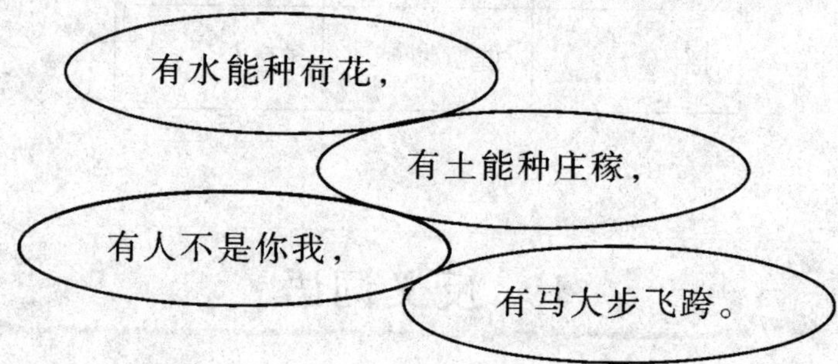

21. 巧添一字

请在下面六个汉字的基础上各添上同一个字，使之成为另外六个字。

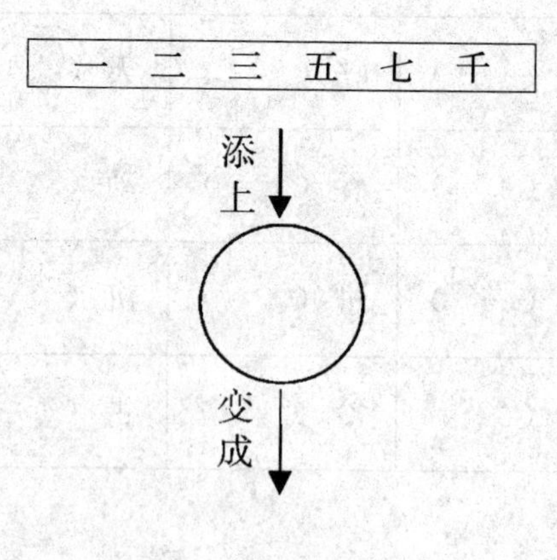

22. 调皮的偏旁

下面这些字的偏旁都非常调皮，它们不老老实实待在自己的位子上，经常四处乱跑。想一想，如何移动这些调皮的偏旁部首，让其成为另一个新字。

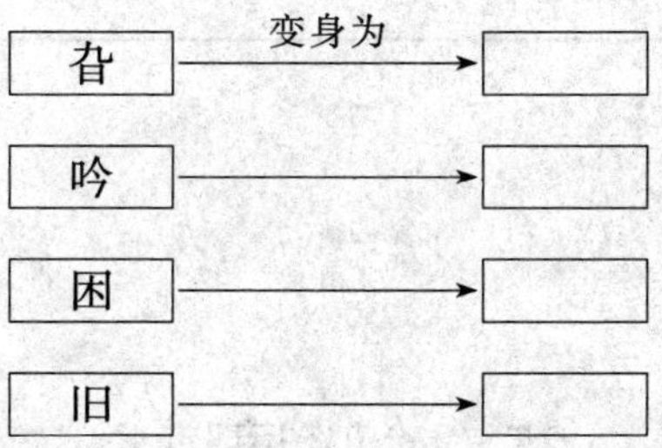

23. 顺口溜字谜

读读下面的顺口溜，各打一字。

十八乘六（　　）
一只狗四张口（　　）
一个字，两个口，下面还有一条狗。（　　）
高爷爷的头，李爷爷的脚，郑爷爷的耳朵。（　　）
一个字，生得怪，六张嘴，两个头，两只脚。（　　）

24. 数学和汉字

以下各题都打一汉字，你能猜出来吗？

（1）30天÷2
（2）三天72小时
（3）一天24小时
(4)左边部分九加九，右边部分九十九

25. 关联词填空

根据给出的字词，把下面关联词语补充完整。

而且　才　就　都　就　但是

只有——（　　）
虽然——（　　）
如果——（　　）
无论——（　　）
不但——（　　）
既然——（　　）

26. 年龄美称

在古代，不同的年龄都有其对应的美称，比如99岁称为“白寿”。现在请将下面的这些年龄美称，填入相应的年龄后面。

年龄美称：

期颐（qī yí）之年　襁褓　花甲　束发　古稀　黄口　不惑之年　知命之年　而立之年　弱冠

不满周岁——（　　）

10岁以下——（　　）

15岁左右——（　　）

20岁——（　　）

30岁——（　　）

40岁——（　　）

50岁——（　　）

60岁——（　　）

70岁——（　　）

100岁——（　　）

27. 找部首

请将下面三组汉字中不是同一部首的字找出来，填写在后面的空格中。

（1）都、阳、陵、隧、爱	
（2）露、霜、霖、却、雹	
（3）错、钱、钳、国、钞	

28. 不吉利的树

一次，小华看见邻居王叔叔要砍掉院子里的一棵大树，他不明其意便问道："这棵树长得好好的，您为什么要砍掉它呢?"王叔叔说："你看，这院子方方正正的，里面长一棵树，就好像是个（　　）字，这很不吉利呀!"

小华听了，笑了笑，然后拿起一个树枝在地上写了一个字，说："您看，照您的意思，砍掉这棵树，住在这方正的院子里，不是更不吉利了吗?"王叔叔一看，小华写在地上的字是（　　），恍然大悟，觉得他说得很有道理，于是停止了砍树。

你知道这两个分别是什么字吗？想一想，然后填在相应的括号里。

29. 小男孩指路

有一个人去办事，当他走到一条岔路口却不知道该怎么走了。这时，过来一个小男孩。于是，这个人向小男孩问路。

但小男孩却并没有回答，而是跑到一个大石头后边，然后伸着脑袋对着这个人调皮地笑。

这个人有点生气，刚想说小男孩两句，但就在这时，他忽然明白了小男孩的意思，笑着说："哦，原来是该往（　　）边走啊，谢谢你，小家伙！"说完，就朝着小男孩指的路走去。

你知道小男孩指的是哪条路吗？

30. 拜访齐白石

齐白石是中国著名画家，有一天，几个学生去拜访他，刚走到门口，几个学生就看见门上写着一个"心"字。几个学生觉得很奇怪，心想，别人是写"福"，老师的门上写"心"字代表什么意思呢？这时有一个学生想了想说："我明白啦，门内有心，这是个（　　）字，今天齐老师心情不好，我们还是不要打扰他了吧。"说着，拉着同伴就离开了。

第二天，他们又来到齐白石门前，这时门上换了一个"木"字，大家高兴极了，因为门内有木，这是个（　　）字。于是马上敲门进去，拜访了齐白石。

为什么他们第一次不敲门，第二次才敲呢？这两个字分别是什么，你知道吗？

第二章　成语派对冲浪游戏

千百年来，上至帝王将相、文人骚客，下至贩夫走卒、村野草莽，都对成语十分钟爱。学习和使用成语不仅可以提高自身的文化素养，丰富写作词汇，同时也是接受民族文化熏陶的一种非常好的方式。

成语是我国传统文化瑰宝中的一朵璀璨奇葩，填字游戏则是风靡全球的智力游戏。本章将两者巧妙结合，以成语为主要元素设计出构思巧妙、乐趣无穷的填字游戏。在享受游戏乐趣的同时，既锻炼了脑力又丰富了自己的语言能力，赶快来试一下吧！

31. 到底怎么“看”

请根据提示，把下面这些“看”的近义词填到合适的成语中。

望 顾 窥 鉴 瞻 瞩 盼 觑 观 视 睹 察 见 览

(1) 从管子里看豹——管中（　　）豹

(2) 左看看，右看看——左顾右盼（　）

(3) 站在高处往远处看——高（　　）远瞩

(4) 看惯了，只当没看见——熟视无（　　）

(5) 全世界的人都注视着——举世（　　）目

(6) 看看前面，又看看后面——瞻前（　　）后

(7) 一下子就看得清清楚楚——一（　　）无余

(8) 你看我，我看你，互相对看——面面相（　　）

(9) 看见别的事物，就想改变主意——（　　）异思迁

32. 成语中的数学

根据例子，填上恰当的数字，把成语补充完整，并使等式成立。

例：文房（四）宝×（三）国演义＝（一）清（二）楚。（因为4×3＝12）

(1)（　　）平（　　）稳÷（　　）仙过海=（　　）亲不认
(2)（　　）面（　　）方÷独（　　）无（　　）=（　　）面楚歌
(3)（　　）顾茅庐×（　　）脚朝天=说（　　）不（　　）
(4)（　　）日（　　）里÷（　　）炼成钢=（　　）目（　　）行
(5)（　　）更（　　）夜-入木（　　）分=（　　）生不熟
(6)（　　）光（　　）色×心无（　　）用=（　　）折不挠

33. 成语课程表

请在下面括号里填上合适的字，组成成语，你会发现所填的字组合在一起就是一个课程表。

第 1 节课：	（　　）不惊人　下笔成（　　）
第 2 节课：	（　　）是人非　强词夺（　　）
第 3 节课：	（　　）动山摇　通情达（　　）
第 4 节课：	（　　）中不足　不学无（　　）
第 5 节课：	（　　）不量力　不以为（　　）
第 6 节课：	（　　）燕分飞　风吹草（　　）

34. 成语算数式

请在下面的括号中填入相应的数字，使等式符合加、减、乘、除运算。

(1)

	（　）	龙戏珠
＋	（　）	鸣惊人
	（　）	令五申

(2)

	各有	（　）	秋
×	霸气	（　）	足
	仪态	（　）	方

(3)

	腰缠	（　）	贯
÷	瞬息	（　）	变
	孤注	（　）	掷

(4)

	（　）	亲不认
－	（　）	无所成
	（　）	花八门

35. 成语之最

根据意思选填成语。

天涯海角　不毛之地　天壤之别　一字千金　无米之炊　顶天立地

一日三秋　一步登天　万寿无疆　风驰电掣　无所不知　穷途末路

最遥远的地方：	最长的寿命：
最悬殊的区别：	最快的速度：
最昂贵的稿费：	最有学问的人：
最难做的饭：	最高的巨人：
最短的季节：	最长的腿：
最荒凉的地方：	最绝望的前途：

36. 叠词成语填空

在下面的括号内填入重叠词，组成成语。例如：斤斤计较。

千里（　　）（　　）
风尘（　　）（　　）
衣冠（　　）（　　）
文质（　　）（　　）

（　　）（　　）有条
（　　）（　　）是道
（　　）（　　）为营
（　　）（　　）不舍

37. 隔字相同的成语

有些成语的隔字是相同的，请在下面的空格里填上两个相同的字。

（　　）依（　　）靠	（　　）山（　　）海	（　　）慌（　　）忙
（　　）朝（　　）夕	（　　）吹（　　）擂	（　　）妙（　　）肖
（　　）屈（　　）伸	（　　）劳（　　）怨	（　　）宿（　　）飞

38. 成语接龙

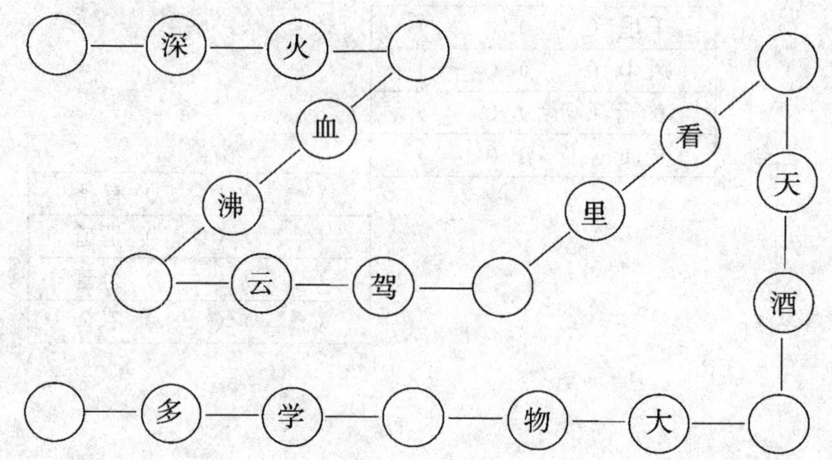

39. 我来找错字

请改正下列成语中的错别字，并把正确的成语填写在后面横线上。

一口同声 应该为__________	阴谋鬼计 应该为__________
错手不及 应该为__________	全神惯注 应该为__________
穿流不息 应该为__________	精兵简正 应该为__________
迫不急待 应该为__________	以身作责 应该为__________
再接再励 应该为__________	不记其数 应该为__________
专心致至 应该为__________	情不自尽 应该为__________

40. 成语节节高

在每级楼梯上的空格里填上两个相同的字，组成成语。

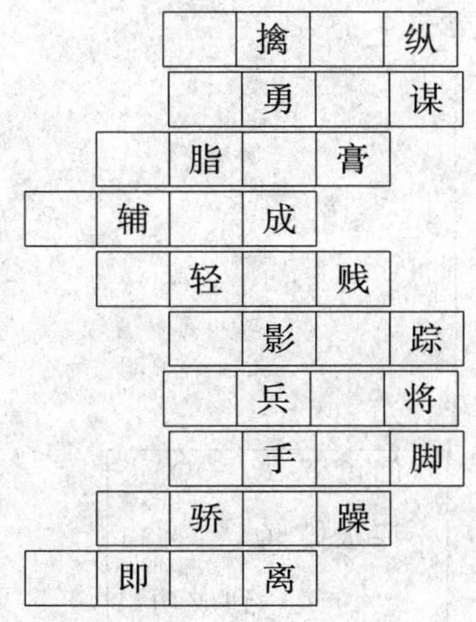

41. 动物捉迷藏

动物们都藏起来了，赶快动手把它们找出来吧。在空格里填上表示动物名称的字，组成成语。

亡（　　）补牢
飞（　　）扑火
引（　　）入室
如（　　）得水
闻（　　）起舞
金（　　）脱壳

门可罗（　　）
浑水摸（　　）
（　　）到成功
（　　）刀小试
（　　）肠小道

（　　）头（　　）尾
（　　）立（　　）群
（　　）丝（　　）迹
（　　）兵（　　）将
（　　）飞（　　）舞

42. 十二生肖

请在下面成语的空缺处分别填上一个属相。

胆小如（　　）	人仰（　　）翻
守株待（　　）	呆若木（　　）
画（　　）添足	（　　）急跳墙
对（　　）弹琴	顺手牵（　　）
叶公好（　　）	杀鸡儆（　　）
如狼似（　　）	人怕出名（　　）怕壮

43. 人体器官

你知道吗，人类的手、腿、眼睛、鼻子都能构成成语。现在请用人体器官名称填在下面的空格中。

七手八（　　）	千（　　）万绪
七（　　）八舌	愁眉苦（　　）
首屈一（　　）	浓眉大（　　）
忠肝义（　　）	（　　）当其冲
别开生（　　）	三（　　）二意
捷（　　）先登	（　　）青脸肿

44. 图说成语

下面每幅小图中均包含一个成语，请写出来。

目 ______	曲娶 工工 ______
______	______
何流无水 何心不专 何人惧日 何老牵线 ______	此此此 此此此 此此举 ______
______	惊 ______
无 伦 ______	望 德 ______

45. 成语连环阵

请在下面连环阵的空格中填上适当的字，使连环阵上的每个字，按箭头所指方向组成成语，并且上一个成语的最后一个字要和下一个成语的第一个字重合。

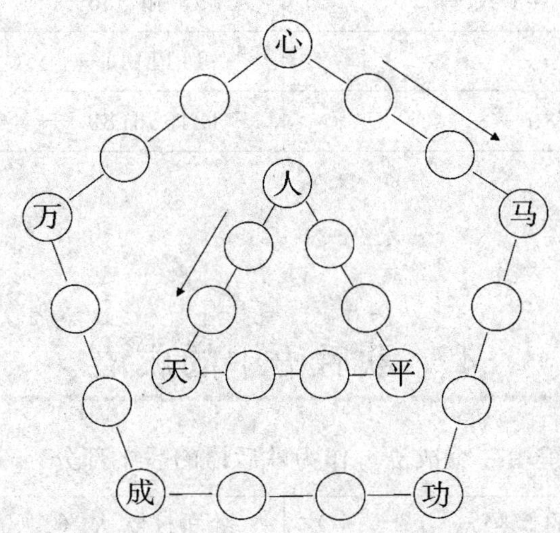

46. 数学成语密码

请由下面的数字或者算式猜出成语。

3.5——（　　）	12345609——（　　）
9 寸+1 寸=1 尺——（　　）	333 和 555——（　　）
2+3——（　　）	1111111——（　　）
1256789——（　　）	124356789——（　　）

47. 歇后语中的成语

请在括号里填一个成语，作为歇后语的后半部分。

八只脚的螃蟹（　　　　）	擀面杖吹火（　　　　）
芭蕉插在古树上（　　　　）	白骨精演说（　　　　）
水上的浮萍（　　　　）	螳臂挡车（　　　　）
木匠戴木枷（　　　　）	军事论文（　　　　）
泥菩萨过河（　　　　）	铁公鸡（　　　　）

48. 人名的来源

下面的人名各取自什么成语，请将答案填在括号内。

杜鹏程（　　　　　）
陈残云（　　　　　）

李慧中（　　　　　）
焦若愚（　　　　　）

王任重（　　　　　）
刘海粟（　　　　　）

49. 句子藏在成语里

请将下面散乱的成语补充完整，然后再将填充的字组成句子。

炙手可（　）	兴高采（　）	普天同（　）
馨香祷（　）	乐在其（　）	豆蔻年（　）
一鸣惊（　）	国富（　）强	患难与（　）
（　）颜悦色	安邦定（　）	大功告（　）
（　）竿见影	（　）谷丰登	（　）全十美
（　）湖四海	（　）而复始	百（　）不遇
组成的句子是：		

50. 成语里面有谜语

先把成语填完整，再把所填的字按顺序连起来作谜面，打一动物。

（　）针引线	（　）上添花	（　）冠禽兽
（　）月披星	（　）颜薄命	（　）言巧语
（　）苦连天	（　）目了然	（　）东击西
（　）天动地	（　）马奔腾	（　）喻户晓

谜底：

51. “言”和“语”

请填充下面的成语，使它的意思与其解释相一致。

(1) 简短的几句话：(　　) 言 (　　) 语
(2) 风凉的话：(　　) 言 (　　) 语
(3) 随意乱说的话：(　　) 言 (　　) 语
(4) 虚假而动听的话：(　　) 言 (　　) 语
(5) 充满英雄气概的话：(　　) 言 (　　) 语
(6) 毫无根据，污蔑、诽谤的话：(　　) 言 (　　) 语

52. 方位成语

请将“东、南、西、北、上、下、左、右、前、后”等方位词填进下面的括号里，组成成语。

(　　) 蹿 (　　) 跳
(　　) 张 (　　) 望
(　　) 仆 (　　) 继
(　　) 腔 (　　) 调
(　　) 顾 (　　) 盼

53. 成语捉迷藏

有四个成语藏在下图中的长方形里，赶快把它们找出来吧。

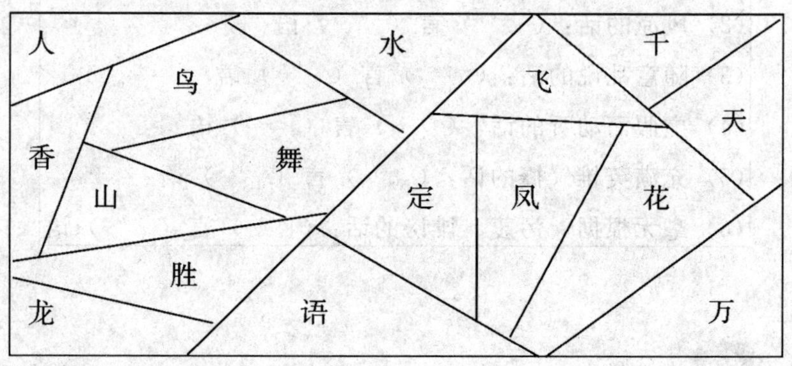

隐藏的四个成语是：________，________，________，________。

54. 天、地、口、心

请在下面空格处填上适当的字，使每一行都成为一条成语，并且不要重复。

天			
	天		
		天	
			天
		天	
	天		
天			

			地
		地	
	地		
地			
	地		
		地	
			地

口			
	口		
		口	
			口
		口	
	口		
口			

			心
		心	
	心		
心			
	心		
		心	
			心

55. 首尾都一样

下面这些成语首尾是同一个字，请把它们补充完整吧。

（　）无可（　）

（　）益求（　）

（　）所未（　）

（　）乎其（　）

（　）所欲（　）

（　）不胜（　）

（　）定思（　）

（　）喊捉（　）

（　）外有（　）

56. 填成语，识国家

请在下面的括号里填字，使填的字与另外三个字能组合成一个成语，同时要求填入的相邻两个字组成一个国家名。

(1)（　）理万机	（　）末倒置
(2) 心心相（　）	（　）日如年
(3)（　）勇双全	（　）欲熏心
(4)（　）阔天空	（　）广人稀
(5) 老实（　）交	东征（　）讨
(6) 十全十（　）	（　）计民生

57. 姓氏成语

把成语补充完整，并使填入的字为中国的姓氏。

完璧归（　）	一（　）不拔
推（　）出新	（　）侯将相
（　）梁一梦	瓜田（　）下
（　）而复始	百步穿（　）
大（　）旗鼓	（　）瞻远瞩

58. “马”字成语

根据意思，写出带“马”字的成语。

粗略地看——（　　　　　）

立了功劳——（　　　　　）

快上加快——（　　　　　）

单独行动——（　　　　　）

地势平坦——（　　　　　）

声势浩大——（　　　　　）

扩充实力——（　　　　　）

人马众多——（　　　　　）

心思不定——（　　　　　）

走在前列——（　　　　　）

59. “如”字成语

把下面的成语补充完整。

（　　）（　　）如洗	（　　）（　　）如年
（　　）（　　）如归	（　　）（　　）如焚
（　　）（　　）如流	（　　）（　　）如瓶
（　　）（　　）如土	（　　）（　　）如鼠
（　　）（　　）如山	（　　）（　　）如簧

60. 广告纠错

下面都是一些厂家做的广告，里面用到的成语都有错误，请把正确的成语写在后面。

（1）某烧鸡广告：鸡不可失（　　　）
（2）某饭店广告：食全食美（　　　）
（3）某眼镜广告：一明惊人（　　　）
（4）某摩托广告：骑乐无穷（　　　）
（5）某止咳药广告：咳不容缓（　　　）
（6）某洗衣机广告：爱不湿手（　　　）

第三章 诗词名句冲浪游戏

诗词，是心灵的妙音，是活活泼泼的生命旋律。诗词的语言，纯净优美得如同山涧的小溪。在诗词里，想象的翅膀像微风，像春雨，像天使轻盈的双翼……

中国的诗词内涵丰富，词句瑰丽灿烂，意境优美，其强烈的艺术表现力令人叹为观止，是中华民族艺术宝库中一颗璀璨的明珠。小学生从小接触、了解中华民族的壮丽诗篇，可以提高审美能力，将来可以成为一个儒雅而有内涵的人。

61. 用数字作诗

下面两首诗都是用数字“一、二、三、四、五、六、七、八、九、十”写成的，请将这些数字填入括号里，使诗句完整。

旅思 （元）徐再思	“一”字诗 （清）纪晓岚
（ ）去（ ）（ ）里， 烟村（ ）（ ）家。 亭台（ ）（ ）座， （ ）（ ）（ ）枝花。	（ ）篙（ ）橹（ ）渔舟， （ ）处艄头（ ）钓钩。 （ ）拍（ ）呼还（ ）笑， （ ）人独占（ ）江秋。

62. “月亮”的诗

古代有很多和月亮相关的诗词，请把和月亮有关的词填入到下面的诗词名句中。

（1）举头望（ ），低头思故乡。
（2）举杯邀（ ），对影成三人。
（3）海上生（ ），天涯共此时。
（4）（ ）几时有，把酒问青天。
（5）星垂平野阔，（ ）涌大江流。

63. “桃花”的诗

你知道有哪些诗是和桃花有关的吗？请把和桃花有关的词填入到下面的诗词名句中。

桃花潭水深千尺，________________。
竹外桃花三两枝，________________。
________________，山寺桃花始盛开。
________________，桃花依旧笑春风。

64. “白雪”的诗

古代有很多和雪相关的诗词，请把和雪有关的诗词填入到下面的诗词名句中。

____________，雪尽马蹄轻。（王维）

____________，大雪满弓刀。（卢纶）

____________，独钓寒江雪。（柳宗元）

____________，风雪夜归人。（刘长卿）

________________，北风吹雁雪纷纷。（高适）

________________，胡天八月即飞雪。（岑参）

65. 花中四君子

在中国古诗文中人们将梅、竹、兰、菊称为“花中四君子”，你能写出有关四君子的诗句吗？

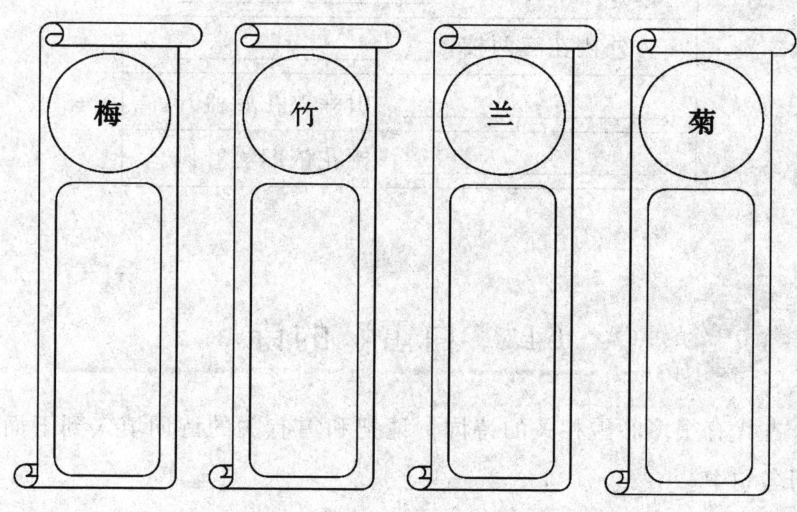

66. 诗词中的数字

有些诗词中经常会出现数字，例如：（两）个黄鹂鸣翠柳，（一）行白鹭上青天。请在下面的括号里填入相应数字，组成完整的诗。

（1）（　　）顾频繁天下计，（　　）朝开济老臣心。
（2）毕竟西湖（　　）月中，风光不与（　　）时同。
（3）（　　）年生死（　　）茫茫，不思量，自难忘。
（4）（　　）（　　）功名尘与土，（　　）千里路云和月。
（5）（　　）（　　）个星天外，（　　）（　　）点雨山前。

67. 诗中的季节

请根据下面给出的诗词名句，写出对应的季节。

（1）孤舟蓑笠翁，独钓寒江雪。（　　）
（2）碧玉妆成一树高，万条垂下绿丝绦。（　　）
（3）稻花香里说丰年，听取蛙声一片。（　　）
（4）停车坐爱枫林晚，霜叶红于二月花。（　　）

68. 诗中有“花”

自古以来，“花”都是诗歌中必不可少的一部分，请将下面的花名放入相应的古诗中。

梅花　梨花　枣花　荷花　桂花　菊花　桃花

（1）宝剑锋从磨砺出，（　　）香自苦寒来。

（2）待到重阳日，还来就（　　）。

（3）（　　）潭水深千尺，不及汪伦送我情。

（4）忽如一夜春风来，千树万树（　　）开。

（5）人闲（　　）落，夜静春山空。

（6）接天莲叶无穷碧，映日（　　）别样红。

69. 诗中有“动物”

请在下面诗词名句中的空缺处填入动物的名称。

（1）柴门闻（ ）吠，风雪夜归人。唐·刘长卿《逢雪宿芙蓉山》

（2）千山（ ）飞绝，万径人踪灭。唐·柳宗元《江雪》

（3）两个（ ）鸣翠柳，一行（ ）上青天。唐·杜甫《绝句》

（4）小荷才露尖尖角，早有（ ）立上头。宋·杨万里《小池》

（5）竹外桃花三两枝，春江水暖（ ）先知。唐·苏轼《惠崇＜春江晚景＞》

（6）几处早（ ）争暖树，谁家新（ ）啄春泥。唐·白居易《钱塘湖春行》

（7）明月别枝惊（ ），清风半夜鸣（ ）。宋·辛弃疾《西江月》

（8）晴空一（ ）排云上，便引诗情到碧霄。唐·刘禹锡《秋词》

（9）（ ）一去不复返，白云千载空悠悠。唐·崔颢《黄鹤楼》

70. 诗中有“植物”

有些古诗里含有植物名，请把抽取出来的植物还回到原诗中。

红豆　小荷　烟柳　蓬蒿

（1）（　　）生南国，春来发几枝。

（2）王孙莫把比（　　），九日枝枝近鬓毛。

（3）（　　）才露尖尖角，早有蜻蜓立上头。

（4）最是一年春好处，绝胜（　　）满皇都。

71. 含有月份的诗

请将月份填到下面的古诗里，使之完整。

（1）故人西辞黄鹤楼，烟花（　）下扬州。

（2）可怜（　）初三夜，露似真珠月似弓。

（3）停车坐爱枫林晚，霜叶红于（　）花。

（4）（　）七日长生殿，夜半无人私语时。

（5）北风卷地白草折，胡天（　）即飞雪。

（6）毕竟西湖（　）中，风光不与四时同。

（7）人间（　）芳菲尽，山寺桃花始盛开。

72. 花、鸟、鱼、虫

花鸟鱼虫常被古人写到诗词里，请把下面的诗句补充完整吧。

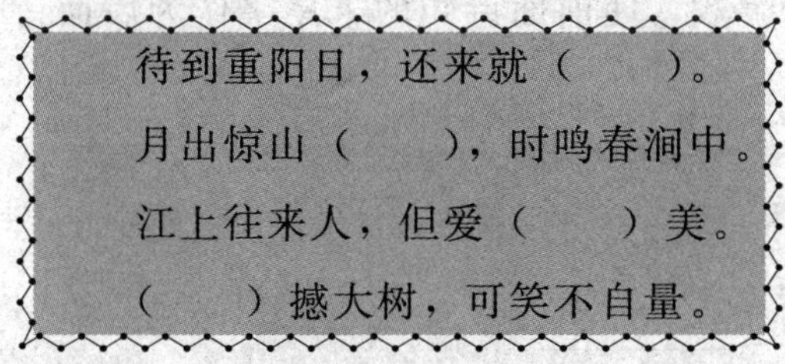

待到重阳日，还来就（　　）。

月出惊山（　　），时鸣春涧中。

江上往来人，但爱（　　）美。

（　　）撼大树，可笑不自量。

73. 诗中“名胜”

下列诗句写的是哪处名胜呢？它属于哪个省（市、县）？请分别填在横线上和括号内。

(1) ________水深千尺，不及汪伦送我情。（　　）

(2) 不识________真面目，只缘身在此山中。（　　）

(3) 京口瓜洲一水间，________只隔数重山。（　　）

(4) 劝君更尽一杯酒，西出________无故人。（　　）

(5) 朝辞________彩云间，千里江陵一日还。（　　）

(6) ________城外寒山寺，夜半钟声到客船。（　　）

(7) 即从________穿巫峡，便下襄阳向洛阳。（　　）

(8) 羌笛何须怨杨柳，春风不度________。（　　）

(9) 故人西辞________，烟花三月下扬州。（　　）

（10）欲把________比西子，淡妆浓抹总相宜。（　　）

74. 诗词接龙

完成下面的诗词接龙游戏，使前面诗句的末尾字作为后面诗句的首字。

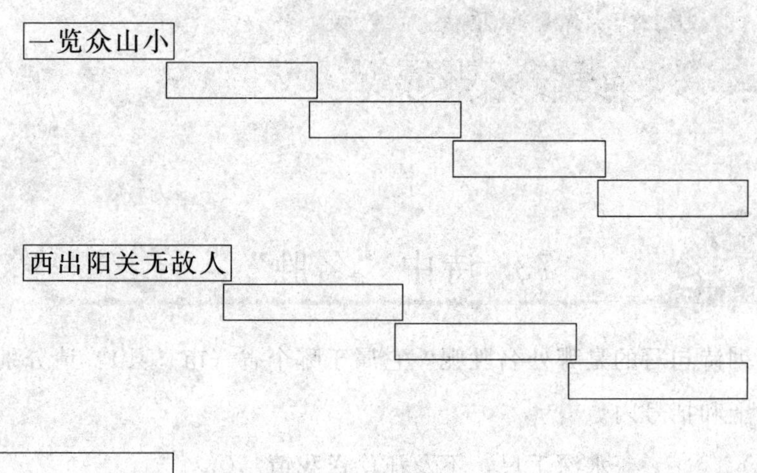

75. 五颜六色

你知道表示颜色的词都有哪些吗？结合学过的古诗将不同的颜色填入下面空格中。

停车坐爱枫林晚，霜叶（　　）于二月花。
日出江花红胜火，春来江水（　　）如蓝。
等闲识得东风面，万（　　）千红总是春。
沧海月明珠有泪，（　　）田日暖玉生烟。
山外（　　）山楼外楼，西湖歌舞几时休。
远上寒山石径斜，（　　）云深处有人家。
夕阳无阳好，只是近（　　）昏。

76. 成语中藏古诗

请在下面表中的空格里各填上一个字，使横排连成两句古诗，而竖排则组成成语。

志	七	天	恩		独	目		过		一	无		四
存			重	破	辟	不	驹	眼	不	无	中	各	海
高	八	地	如	天	蹊		过		可	是	生	有	为
	下	冻		惊		视	隙	烟	测			志	

77. 诗人的“外号”

你熟悉一些著名诗人的“外号”吗？下面是被后人尊称为“诗”的诗人，请将他们的名字填写在对应的“外号”后面。

李贺　贺知章　刘禹锡　李白　王维　白居易

诗仙________	诗鬼________
诗佛________	诗豪________
诗魔________	诗狂________

78. 古诗与修辞

古诗中常使用各种修辞方法来渲染意境，例如，比喻、夸张、拟人等。请把下面的诗句所使用的修辞方法写出来。

(1) 感时花溅泪，恨别鸟惊心。(　　)

(2) 白发三千丈，缘愁似个长。(　　)

(3) 不知细叶谁裁出，二月春风似剪刀。(　　)

(4) 飞流直下三千尺，疑似银河落九天。(　　)

79. 古诗之最

把下面的古诗之最填入相应的横线上。

最快的船　最难过的心情　最憔悴的人　最真挚的友谊　最高的建筑　最长的瀑布

帘卷西风，人比黄花瘦。________

不敢高声语，恐惊天上人。________

两岸猿声啼不住，轻舟已过万重山。________

飞流直下三千尺，疑是银河落九天。________

桃花潭水深千尺，不及汪伦送我情。________

问君能有几多愁？恰似一江春水向东流。________

80. 诗中有谜语

下面两首诗都是一个谜面，你能根据诗猜出谜底吗？

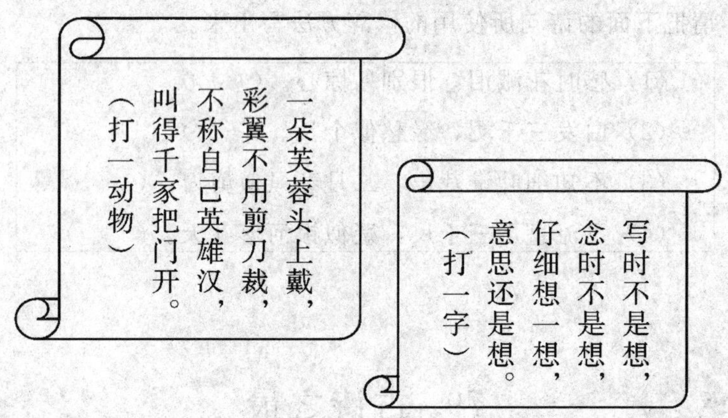

81. 诗中有节日

在古代，很多诗人喜欢在节日里吟诗助兴，增加节日的气氛。把下面的诗歌补充完整，并注明诗中所描写的节日名称。

九月九日忆山东兄弟 （唐）王维 独在异乡为异客，____________。 遥知兄弟登高处，____________。	元日 （宋）王安石 爆竹声中一岁除，____________。 千门万户曈曈日，____________。
节日：	节日：

清明

（唐）杜牧

清明时节雨纷纷，____________。

借问酒家何处有？____________。

节日：

古诗十九首（之一）

（汉）佚名

迢迢牵牛星，____________。

____________，札札弄机杼。

终日不成章，____________。

____________，相去复几许。

盈盈一水间，____________。

节日：

82. 残缺的诗

下面的两首诗，都有四处空白，需要填补完整才能读通。请从后边括号中选择合适的字，把这两首诗补充完整。

（1）（秋、田、春、农）

（　　）种一粒粟，
（　　）收万颗子；
四海无闲（　　），
（　　）夫犹饿死！

（2）（风、情、城、岁、王、火、古、草）

离离原上（　　），
一（　　）一枯荣。
野（　　）烧不尽，
春（　　）吹又生。
远芳侵（　　）道，
晴翠接荒（　　）。
又送（　　）孙去，
萋萋满别（　　）。

83. 有韵律的叠词

请在下面的空格处填上缺少的叠字，使古诗完整。

（1）晴川（　　）汉阳树，芳草（　　）鹦鹉洲。
（2）（　　）水田飞白鹭，（　　）夏木啭黄鹂。
（3）无边落木（　　）下，不尽长江（　　）来。
（4）（　　）牵牛星，（　　）河汉女。

84. 纠正错别字

改正下列诗句的错别字，把正确的写在括号后面。

(1)
泉眼无生惜细流。（　　）
树阴照水爱情柔。（　　）
(2)
蓬头稚子学锤纶，（　　）
侧座莓苔草映身。（　　）

85. “逼”上梁山

卢俊义是《水浒传》中一百零八将之一，你知道他是怎么上的梁山吗？是被吴用用诗“逼”上梁山的。

梁山好汉想邀卢俊义上山入伙，但又不能力敌，于是采用了智取的方法。军师吴用利用卢俊义正为躲避“血光之灾”的惶恐心理，对外说卢俊义在自家墙上写了一首诗，并让人四处宣传，结果这首诗就成了官府治罪的证据，最后终于把卢俊义“逼”上了梁山。这首诗如下：

芦花滩上有扁舟，
俊杰黄昏独自游，
义到尽头原是命，
反躬逃乱必无忧。

这首诗有什么蹊跷，你能看出来吗？把答案写出来吧。________。

86. 秀才的名字

清朝乾隆年间，有一个秀才到京城考试。到了书院，他遇见很多文人在谈论诗文，大家互相介绍后，问他叫什么，他没有回答，而是作诗一首：

李白诗名传千古，
调奇律雅格尤高。
元明多少风骚客，
也为斯人尽折腰。

你知道这个秀才叫什么名字吗？原来他叫________。

87. 菜中有诗

根据所学知识，猜猜下面的四道菜来自哪首唐诗，把这首诗填写在右边的方框中。

第一道：盘子里放几根葱，上面摆上两个熟蛋黄	
第二道：把熟蛋白切成丝，排在青色的盘子里	
第三道：炒蛋白，在盘中堆成山状	
第四道：一碗浮着几片蛋壳的清汤	

这首诗是唐朝一位非常有名的诗人写的，他被尊称为“诗圣”，蛋黄代表了一种叫声很好听的鸟，上面的四道菜正好分别对应着诗中的四句。

88. 浪费粮食

当有人把吃剩的馒头扔掉时，你准备用什么诗句教育他？

89. 杜甫写诗秘诀

杜甫的诗沉郁顿挫，充满慷慨悲凉、抑塞磊落之气，很多后人都非常喜欢他的诗。北宋有一位书生便是如此，他一直想模仿杜甫的诗，但无论如何都学不到精髓。于是，他便去问当时的著名诗人王安石："为什么杜甫的诗如此精深神妙，后人竟不能超过他？"

王安石听后笑着说："问得好！其实他已经在自己的诗里公开其写诗的秘诀了。"

"哦，是什么呢？"书生疑惑地问。

王安石马上吟出了杜甫的两句诗："__________，__________。"

书生一听恍然大悟。

你知道杜甫写作秘诀的两句诗吗？

90. 乱字中寻诗

下面是一幅海豹的图形，它的身上有很多杂乱的文字，请用这些文字组成两首唐诗。

第四章　缤纷谚语冲浪游戏

谚语是民间创造、口口相传的一门语言艺术。它内容广博，涵盖了自然、历史、社会、文化、道德、修养等诸多方面，是历代劳动人民智慧和经验的总结。

谚语的特点是通俗简练、生动活泼。它既可以充当句子的成分，也可以独立地表达完整的思想；不仅可以启迪智慧、传授经验、进行道德教育，在写作中运用，还能够使语言增色，文笔生辉。

小朋友掌握一些常用的谚语，不仅可以品味精彩人生，还可以提高口头表达能力和思维能力，也可以为写文章积累更多的语言素材！

91. 动物聚会

下面都是关于动物的歇后语，请在括号里填入合适的动物。

贵州（　　）学马叫——南腔北调
（　　）的屁股——没多大亮（量）
（　　）戴帽子——冠上加冠（官）
河里的（　　）——都有夹（家）
（　　）的尾巴——长不了
（　　）的眼泪——假慈悲
热锅上的（　　）——急得团团转

92. 植物荟萃

下面的歇后语需要嵌入正确的植物才算完整，请你来填一填。

蒜地捣（ ）——离不了辣味	（ ）开黄花——变了种
葱叶炒（ ）——空对空	（ ）里藏针——柔中有刚
舍身崖上摘（ ）——生死不顾还贪花	（ ）挑刺——太软
棉花地里种（ ）——一举两得	沤烂的（ ）——不是好人（仁）

93. 天气谚语

下面的谚语都是有关天气的，请根据要求把它们分类（只填序号即可）。

（1）天上钩钩云，地上雨淋淋。
（2）南风怕日落，北风怕天明。
（3）雾露在山腰，有雨今明朝。
（4）喜鹊枝头叫，出门晴天报。
（5）早晨棉絮云，午后必雨淋。
（6）大风怕日落，久雨起风晴。
（7）星星眨眨眼，出门要带伞。
（8）朝霞不出门，晚霞行千里。
（9）蜜蜂采花忙，短期有雨降。
（10）乌云脚底白，定有大雨来。
（11）先雷后刮风，有雨也不凶。
（12）鸟往船上落，雨天要经过。
（13）黑黄云滚翻，冰雹在眼前。
（14）南风多雾露，北风多寒霜。
（15）蚊子咬得怪，天气要变坏。
（16）春天刮风多，秋天下雨多。

看云识天气：________

看风识天气：________

看天象识天气：________

看物象识天气：________

94. 社会谚语

社会谚语泛指为人处世、待人接物、治家治国等方面应注意的事。如：凡人不可貌相，海水不可斗量。请将下面的社会谚语补充完整。

射人先射马，________。

若要人不知，________。

量小非君子，________。

良药苦口利于病，________。

笑一笑，十年少；________。

95. 卫生谚语

卫生谚语是人们根据卫生保健知识概括而成的。如：冬吃萝卜夏吃姜，免得医生开药方。请将下面的卫生谚语补充完整。

夏秋无蚊蝇，____________。

春挖一个蛹，____________。

疾病蚊子传，____________。

喝开水，吃熟菜，____________。

吃瓜果，要洗净，____________。

饭前便后要洗手，____________。

96. 三字俗语

下面都是三个字的俗语，请根据示例将其填完整。

例：(侃)大山

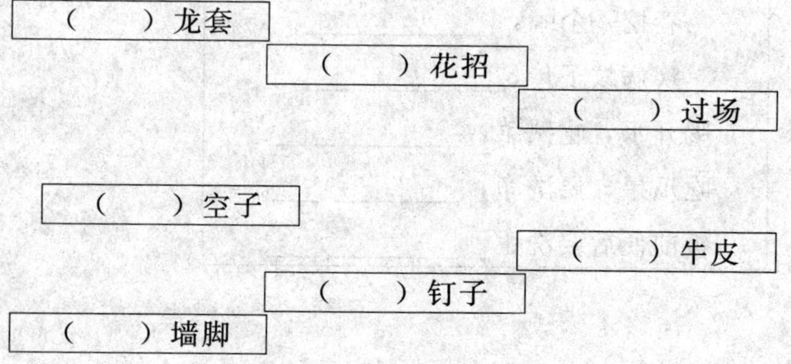

(　　)龙套

(　　)花招

(　　)过场

(　　)空子

(　　)牛皮

(　　)钉子

(　　)墙脚

97. 五字俗语

请根据示例将下面五个字的俗语补充完整。例：八(字)没一撇。

鲤鱼跳(　)门

千里送(　)毛

无巧不成(　)

无(　)不起浪

依葫芦画(　)

久旱逢甘(　)

（　）中无老虎
阴沟里翻（　）
快刀斩乱（　）
恨（　）不成钢
病急乱投（　）
赶（　）子上架

98. 六字俗语

六字俗语就是六个字的俗语，请填充下面的六字俗语。

百（　）不如一见
不费吹（　）之力
风马（　）不相及
挂（　）头卖狗肉
牛头不对（　）嘴
九（　）二虎之力

真金不怕（　）炼
有（　）不识泰山
生（　）煮成熟饭
放长线钓大（　）
吃不了兜着（　）
拆东（　）补西壁

99. 七字俗语

七字俗语与七律古诗一样，每句都是七个字。请将下面的七字俗语填充完整。

初生（ ）犊不怕虎
此地无（ ）三百两

各人自扫门前（ ）
近水楼台先得（ ）

宰相肚里能撑（ ）
醉翁之意不在（ ）

赔了夫人又折（ ）
拒（ ）于千里之外

100. 八字俗语

八字俗语一般分为两句，每句四个字。下面的八字俗语只写了一半，请把它们的另一半填写到后面的横线上吧。

一波未平，________

江山易改，________

天网恢恢，________

一着不慎，________

一言既出，________

近朱者赤，________

捡了芝麻，________

101. 《三国演义》与歇后语

你熟悉《三国演义》中的人物吗？请将下面和三国人物有关的歇后语补全。

(1)	(　　　) 进曹营——一言不发
(2)	周瑜打 (　　　) ——一个愿打一个愿挨
(3)	三个臭皮匠——顶个 (　　　)
(4)	许褚斗 (　　　) ——赤膊上阵

102.《水浒传》与歇后语

请用《水浒传》中的人名，将下面的歇后语补全。

(1)	(　　)上阵——身先士卒
(2)	(　　)看鸭子——英雄无用武之地
(3)	鲁提辖拳打(　　)——抱打不平
(4)	(　　)给武松敬酒——别有用心

103.《西游记》与歇后语

《西游记》中有许多有趣的歇后语，试着把它们补充完整吧。

如来佛捉孙大圣——(　　)
白骨精遇上孙悟空——(　　)
花果山猴子——(　　)
孙悟空变山神庙——(　　)
孙悟空赴蟠桃会——(　　)
孙大圣拔猴毛——(　　)
唐僧的眼睛——(　　)
唐僧取经——(　　)
猪八戒进女儿国——(　　)
猪八戒照镜子——(　　)

104.《红楼梦》与歇后语

《红楼梦》是四大名著之一，请用《红楼梦》中的人物，把歇后语补全。

(1)(　　)葬花——自叹命薄
(2)(　　)住在小西屋——到哪儿说哪儿
(3)王熙凤害死(　　)——心狠手毒
(4)(　　)出大观园——满载而归

105. 歇后语中的历史人物

下面都是有关历史人物的歇后语，请将相关历史人物填入括号内。

(1)(　　)钓鱼——愿者上钩
(2)(　　)击鼓——贤内助
(3)(　　)削发——半路出家
(4)(　　)用兵——以一当十
(5)(　　)打仗——常胜
(6)(　　)用兵——虚虚实实

106. 歇后语中有神话故事

下面都是神话故事演化而来的歇后语，你能猜出它们的后半部分吗？

（1）财神爷发慈悲——（　　　　）
（2）财神爷翻脸——（　　　　）
（3）财神爷敲门——（　　　　）
（4）财神爷要饭——（　　　　）
（5）城隍庙里出告示——（　　　　）
（6）城隍庙里聚会——（　　　　）
（7）城隍庙里卖假药——（　　　　）
（8）大水冲了龙王庙——（　　　　）

107. 孪生兄弟

下面的每个句子中前后两个括号里的字是一样的，就像孪生兄弟一样。你能填出来吗？

(1) 鸟（　　）在羽毛，人（　　）在勤劳。
(2) 水（　　）低处流，人（　　）高处走。
(3) 虎（　　）山无威，鱼（　　）水难活。
(4) 没（　　）树不响，无（　　）不起浪。
(5) 不（　　）山峰高，只（　　）不迈步。
(6) 虎（　　）怕山高，鱼（　　）怕水深。

108. 耳熟能详

把下面耳熟能详的名言警句补充完整。

(1) 一张一弛，（　　　　　　　　）。
(2) 凡事预则立，（　　　　　　　　）。
(3) 本是同根生，（　　　　　　　　）。
(4) 绳锯木断，（　　　　　　　　）。
(5) 同是天涯沦落人，（　　　　　　　　　　）。
(6) 天生我材必有用，（　　　　　　　　　　）。

109. 吹吹牛皮

你喜欢吹牛皮吗？在吹之前，先将下面这些吹牛皮的歇后语后半部分填上。

（1）飞机上弹琵琶——（　　　　）

（2）飞机上挂暖瓶——（　　　　）

（3）背着唢呐坐飞机——（　　　　）

（4）风钻进鼓里——（　　　　）

（5）公鸡飞到屋顶上——（　　　　）

（6）上嘴皮挨天，下嘴皮贴地——（　　　　）

110. 数字歇后语

请根据下面的提示，写出对应的数字俗语。

表示做事不考虑周到，干了再说时用：
表示实实在在，不可更改时用：
表示一样东西两人平分时用：
表示某人干事麻利时用：
表示很不容易时用：
表示差不多时用：
表示距离远时用：

111. 成语歇后语

下面这些歇后语都有一个规律，那就是后半部分都是成语。请填出后半部分的成语。

戴草帽打伞——（　　）
肉包子打狗——（　　）
泥菩萨过河——（　　）
关公战李逵——（　　）
无病抓药——（　　）
彩绣衫上绣牡丹——（　　）
小葱拌豆腐——（　　）
十五个吊桶打水——（　　）

112. 谐音歇后语

有些歇后语利用同音字或近音字相谐，由原来的意思引申出所需要的另一个意义。例如：小葱拌豆腐——一清（青）二白。请根据提示写出下面歇后语的后半部分。

龙王搬家——（　　）
鼻孔里插葱——（　　）
精装茅台——（　　）
怀里揣小拢子——（　　）
一二三五六——（　　）
梁山泊军师——（　　）

113. 猜猜惯用语

惯用语是人们在日常生活中积累起来的一种习惯用法，请根据下面的文字提示猜出惯用语。

(1) 比喻人有度量，能容忍、原谅别人——(　　　　)

(2) 比喻自家人损害自家人的利益——(　　　　)

(3) 形容瞎指挥，胡乱凑合——(　　　　)

(4) 比喻关系疏远或没有关系——(　　　　)

(5) 比喻不顾一切，不问是非情由——(　　　　)

114. 看看都是谁

下面的对联是描述哪些历史名人的？把他们的名字写在后面的括号里吧。

（1）盛唐诗酒无双士，青莲文苑第一家。（　　）
（2）草堂留后世，诗圣著千秋。（　　）
（3）四面湖山归眼底，万家忧乐到心头。（　　）
（4）志见出师表，好为梁父吟。（　　）
（5）写鬼写妖高人一等；刺贪刺虐入木三分。（　　）
（6）犹留正气参天地；永剩丹心照古今。（　　）

115. 试着对对联

请根据上句，对出下句，来试试吧。

千山 ______（写山与水的）	冬去 ______（写季节交替变化的）
鲜花朵朵 果实____（描写花、果实繁多的）	春风春雨春色， __年__岁__景。（描绘春意的）
书山有路勤为径， 学海__________。（劝人勤学的）	春蚕到死丝方尽， 蜡炬__________。（歌颂牺牲精神的）

116. 画中藏着歇后语

根据下面的四幅画，猜出相关歇后语。

(1) ______________　(2) ______________

(3) ______________　(4) ______________

117. 谚语中有学习法

下面的俗语都是有关学习方法方面的，你能把它们补充完整吗？

三人行，________
书读百遍，________
拳不离手，________
读书破万卷，________
书本不常翻，________
常说嘴里顺，________

118. 珍惜时间

请将下面表示珍惜时间的谚语，补充完整。

一寸光阴一寸金，________。
________，老大徒伤悲。
一年之计在于春，________。
黑发不知勤学早，________。

119. 用功读书

下面都是求知和读书方面的名言，你能把它们补充完整吗？

（1）敏而好学，________。

（2）业精于勤，________。

（3）读书破万卷，__________。

（4）______________，善读之可以医愚。

（5）______________，事非经过不知难。

（6）读书百遍，__________。

（7）千里之行，__________。

120. 活学活用

请在下面括号里填上适当的谚语。

(1) 他能写出一手好文章，主要是因为____________。
(2) 他自从监牢中放出来以后，就____________了。
(3) 俗语说：____________，只要你肯努力工作，你也可以成为一位专才。
(4) 这位老公公的年龄已达六十，但他仍不断向人学习，这种____________的精神，值得我们学习。
(5) ____________，所以保卫国家是每一个公民应尽的义务。

答案揭秘

1. **“庆”字变身**

厌　犬　太　大　人

2. **移形换位**

匕　百　回　旧　几　本　江　矢　坯　石

3. **汉字加减法**

崭　浙　淅　暂　錾

4. **汉字大挪移**

由　下　士　陪　际　加　机

5. **八面玲珑**

门　工

6. **叠罗汉**

岁轰

夺赞

晶聂

森座

淼慰

替腐

7. **时间概念**

晨 久 瞬 季 夕 周 旬 昔 刻 昼

8. **各取一半**

吕 苗 明 伐 二 杏 电 丝 香 林

9. **火眼金睛**

（祥）应该为（详）

（按）应该为（安）

（步）应该为（部）

（薄）应该为（簿）

（常）应该为（长）

（竞）应该为（竟）

10. **神奇的“二”**

王	井	开	天
丰	夫	牛	手
无	午	五	元
云	月	仁	毛

11. **叹词的妙用**

嗯 嗨 哦 呀 哼 啊 唉 咦

12. **量词填空**

一（只）小鸟	一（口）水井
一（个）问题	一（块）石头
一（棵）小树	一（堵）围墙
一（场）球赛	一（片）沙滩
一（幅）图画	一（艘）军舰
一（双）鞋子	一（座）石桥
一（条）小路	一（面）旗帜
一（量）卡车	一（粒）沙子
一（把）扫帚	一（朵）鲜花

一（张）小嘴	一（栋）房子
一（把）小伞	一（列）火车
一（头）老牛	一（节）车厢
一（件）衣服	一（根）绳子

13. **“保”字妙用**

护　　卫

重　　守

证　　持

存　　留

14. **网络流行语**

（1）百度一下　（2）菜鸟　（3）闪　（4）挂　（5）超

15. **兄弟肩并肩**

“亻”的兄妹词语：休假、仿佛、依偎、他们

“艹”的兄妹词语：葡萄、芳草、芬芳、荷花

“辶”的兄妹词语：通道、遥远、追逐、迅速

“虫”的兄妹词语：蚂蚁、蝴蝶、蜻蜓、蚂蚱

“木”的兄妹词语：模样、植树、松柏、杨柳

16. **“客”的变化**

贵客　　说客

游客　　刺客

顾客　　稀客

政客　　香客

17. **单音叠词**

喜洋洋 兴冲冲 水汪汪 懒洋洋

绿油油 孤零零 雄赳赳 傻乎乎

18. **近义词组**

寻（找）	肥（胖）	黑（暗）
追（赶）	弯（曲）	巨（大）
躲（藏）	甘（甜）	思（念）
观（看）	行（走）	忧（愁）
包（围）	议（论）	欢（喜）
摇（晃）	催（促）	打（击）

19. **反义词语**

开（关）	是（非）	反（正）
安（危）	得（失）	彼（此）
出（入）	呼（吸）	天（地）
升（降）	吞（吐）	动（静）
高（低）	进（出）	沉（浮）
今（昔）	冷（暖）	古（今）

20. **神奇的字**

也

21. **巧添一字**

各添一个“口”字，成为“日”“旦”“亘”“吾”“电”“舌”六个字。

22. **调皮的偏旁**

旭、含、呆、旦

23. **顺口溜字谜**

校　器　哭　郭　典

24. **数学和汉字**

（1）胖　（2）晶　（3）日　（4）柏（“木”由“十”“八”组成，“百”字少“一”为“白”）

25. **关联词填空**

只有——才

虽然——但是

如果——就

无论——都

不但——而且

既然——就

26. **年龄美称**

襁褓　黄口　束发　弱冠　而立之年　不惑之年　知命之年　花甲　古稀　期颐（qī yí）之年

27. **找部首**

(1) 爱　(2) 却　(3) 国

28. **不吉利的树**

第一个字是“困”；第二个字是“囚”

29. **小男孩指路**

右

30. **拜访齐白石**

第一个字是“闷”；第二个字是“闲”

31. **到底怎么“看”**

(1) 窥　(2) 盼　(3) 瞻

(4) 睹　(5) 瞩　(6) 顾

(7) 览　(8) 觑　(9) 见

32. **成语中的数学**

(1) 四、八、八、六

(2) 四、八、一、二、四

(3) 三、四、一、二

(4) 一、千、百、一、十

(5) 三、半、三、半

(6) 五、十、二、百

33. **成语课程表**

第 1 节课：语文

第 2 节课：物理

第 3 节课：地理

第 4 节课：美术

第 5 节课：自然

第 6 节课：劳动

34. **成语算数式**

（1）二、一、三

（2）千、十、万

（3）万、万、一

（4）六、一、五

35. **成语之最**

最遥远的地方：天涯海角
最悬殊的区别：天壤之别
最昂贵的稿费：一字千金
最难做的饭：无米之炊
最短的季节：一日三秋
最荒凉的地方：不毛之地

最长的寿命：万寿无疆
最快的速度：风驰电掣
最有学问的人：无所不知
最高的巨人：顶天立地
最长的腿：一步登天
最绝望的前途：穷途末路

36. **叠词成语填空**

千里（迢）（迢）

风尘（仆）（仆）

衣冠（楚）（楚）

文质（彬）（彬）

（井）（井）有条

（头）（头）是道

（步）（步）为营

（依）（依）不舍

37. **隔字相同的成语**

无依无靠	人山人海	不慌不忙
一朝一夕	自吹自擂	惟妙惟肖
能屈能伸	任劳任怨	双宿双飞

38. **成语接龙**

（水）深火（热）血沸（腾）云驾（雾）里看（花）天酒（地）大物（博）学多（闻）

39. **我来找错字**

一口同声（异口同声）
错手不及（措手不及）
穿流不息（川流不息）
迫不急待（迫不及待）
再接再励（再接再厉）
专心致至（专心致志）
阴谋鬼计（阴谋诡计）
全神惯注（全神贯注）
精兵简正（精兵简政）
以身作责（以身作则）
不记其数（不计其数）
情不自尽（情不自禁）

40. **成语节节高**

七擒七纵

有勇有谋

民脂民膏

相辅相成

自轻自贱

无影无踪

天兵天将

束手束脚

戒骄戒躁

若即若离

41. **动物捉迷藏**

亡羊补牢

飞蛾扑火

引狼入室

如鱼得水

闻鸡起舞

金蝉脱壳

门可罗雀

浑水摸鱼

马到成功

牛刀小试

羊肠小道

虎头蛇尾

鹤立鸡群

蛛丝马迹

虾兵蟹将

龙飞凤舞

42. **十二生肖**

胆小如（鼠）	人仰（马）翻
守株待（兔）	呆若木（鸡）
画（蛇）添足	（狗）急跳墙
对（牛）弹琴	顺手牵（羊）
叶公好（龙）	杀鸡儆（猴）
如狼似（虎）	人怕出名(猪)怕壮

43. **人体器官**

脚	头
嘴	脸
指	眼
胆	首
面	心
足	鼻

44. **图说成语**

扬眉吐气	异曲同工
三言两语	左右开弓
风花雪月	多此一举
啼笑皆非	石破天惊
无与伦比	德高望重

45. **成语连环阵**

外连环：心猿意马、马到成功、功败垂成、成千上万、万众一心

内连环：人定胜天、天下太平、平易近人

46. **数学成语密码**

不三不四	七零八落
得寸进尺	三五成群
接二连三	独一无二
丢三落四	颠三倒四

47. **歇后语中的成语**

横行霸道	一窍不通
粗枝大叶	妖言惑众
萍水相逢	不自量力
自作自受	纸上谈兵
自身难保	一毛不拔

48. **人名的来源**

鹏程万里　　　　秀外慧中

风卷残云　　　　大智若愚

任重道远

沧海一粟

49. **句子藏在成语里**

炙手可（热）　兴高采（烈）　普天同（庆）　馨香祷（祝）

乐在其（中）　豆蔻年（华）　一鸣惊（人）　国富（民）强

患难与（共）　（和）颜悦色　安邦定（国）　大功告（成）

（立）竿见影　（五）谷丰登　（十）全十美　（五）湖四海

（周）而复始　百（年）不遇

组成的句子：热烈庆祝中华人民共和国成立五十五周年。

50. **成语里面有谜语**

（穿）针引线（锦）上添花　（衣）冠禽兽

（戴）月披星（红）颜薄命　（花）言巧语

（叫）苦连天（一）目了然　（声）东击西

（惊）天动地（万）马奔腾　（家）喻户晓

谜底：公鸡

51. **“言”和“语”**

(1)（三）言（两）语

(2)（冷）言（冷）语

(3)（胡）言（乱）语

(4)（花）言（巧）语

(5)（豪）言（壮）语

(6)（流）言（蜚）语

52. **方位成语**

上蹿下跳

东张西望

前仆后继

南腔北调

左顾右盼

53. **成语捉迷藏**

人定胜天　万水千山　龙飞凤舞　鸟语花香

54. **天、地、口、心**

天经地义	一败涂地
弥天大谎	天罗地网
别有天地	因地制宜
坐井观天	地广人稀
异想天开	无地自容
得天独厚	天诛地灭
天花乱坠	死心塌地

口若悬河	触目惊心
异口同声	口是心非
目瞪口呆	钩心斗角
赞不绝口	心满意足
心直口快	称心如意
张口结舌	费尽心机
口蜜腹剑	煞费苦心

55. **首尾都一样**

忍无可忍　精益求精　闻所未闻　微乎其微　为所欲为　数不胜数　痛定思痛　贼喊捉贼　天外有天

56. **填成语，识国家**

（1）日本

（2）印度

（3）智利

（4）海地

（5）巴西

（6）美国

57. **姓氏成语**

赵　　毛

陈　　王

黄　　李

周　　杨

张　　高

58. **“马”字成语**

粗略地看——（走马看花）

立了功劳——（汗马功劳）

快上加快——（快马加鞭）

单独行动——（单枪匹马）

地势平坦——（一马平川）

声势浩大——（千军万马）

扩充实力——（招兵买马）

人马众多——（车水马龙）

心思不定——（心猿意马）

走在前列——（一马当先）

59. **“如”字成语**

（一）（贫）如洗	（度）（日）如年
（视）（死）如归	（心）（急）如焚
（对）（答）如流	（守）（口）如瓶
（挥）（金）如土	（胆）（小）如鼠
（铁）（证）如山	（巧）（舌）如簧

60. **广告纠错**

（1）机不可失　（2）十全十美

（3）一鸣惊人　（4）其乐无穷

（5）刻不容缓　（6）爱不释手

61. **用数字作诗**

一去二三里，	一篙一橹一渔舟，
烟村四五家。	一处艄头一钓钩。
亭台六七座，	一拍一呼还一笑，
八九十枝花。	一人独占一江秋。

62. **“月亮”的诗**

（1）举头望（明月），低头思故乡。

（2）举杯邀（明月），对影成三人。

（3）海上生（明月），天涯共此时。

（4）（明月）几时有，把酒问青天。

（5）星垂平野阔，（月）涌大江流。

63. **“桃花”的诗**

桃花潭水深千尺，不及汪伦送我情

竹外桃花三两枝，春江水暖鸭先知

人间四月芳菲尽，山寺桃花始盛开

人面不知何处去，桃花依旧笑春风

64. **“白雪”的诗**

草枯鹰眼急，雪尽马蹄轻。（王维）

欲将轻骑逐，大雪满弓刀。（卢纶）

孤舟蓑笠翁，独钓寒江雪。（柳宗元）

柴门闻犬吠，风雪夜归人。（刘长卿）

千里黄云白日曛，北风吹雁雪纷纷。（高适）

北风卷地白草折，胡天八月即飞雪。（岑参）

65. **花中四君子**

梅——墙角数枝梅，凌寒独自开。

兰——幽兰生前庭，含薰待清风。

竹——咬定青山不放松，立根原在破岩中。

菊——不是花中偏爱菊，此花开过更无花。

66. **诗词中的数字**

（1）三顾频烦天下计，两朝开济老臣心。

（2）毕竟西湖六月中，风光不与四时同。

（3）十年生死两茫茫，不思量，自难忘。

（4）三十功名尘与土，八千里路云和月。

（5）七八个星天外，两三点雨山前。

67. **诗中的季节**

冬季

春季

夏季

秋季

68. **诗中有“花”**

（1）梅花　（2）菊花　（3）桃花

（4）梨花　（5）桂花　（6）荷花

69. **诗中有动物**

（1）柴门闻犬吠，风雪夜归人。唐·刘长卿《逢雪宿芙蓉山》

（2）千山鸟飞绝，万径人踪灭。唐·柳宗元《江雪》

（3）两个黄鹂鸣翠柳，一行白鹭上青天。唐·杜甫《绝句》

（4）小荷才露尖尖角，早有蜻蜓立上头。宋·杨万里《小池》

（5）竹外桃花三两枝，春江水暖鸭先知。唐·苏轼《惠崇＜春江晚景＞》

（6）几处早莺争暖树，谁家新燕啄春泥。唐·白居易《钱塘湖春行》

（7）明月别枝惊鹊，清风半夜鸣蝉。宋·辛弃疾《西江月》

（8）晴空一鹤排云上，便引诗情到碧霄。唐·刘禹锡《秋词》

（9）黄鹤一去不复返，白云千载空悠悠。唐·崔颢《黄鹤楼》

70. **诗中有“植物”**

（1）红豆　（2）蓬蒿

（3）小荷　（4）烟柳

71. **含有月份的诗**

（1）三月

（2）九月

（3）二月

（4）七月

（5）八月

（6）六月

（7）四月

72. **花、鸟、鱼、虫**

待到重阳日，还来就菊花。

月出惊山鸟，时鸣春涧中。

江上往来人，但爱鲈鱼美。

蚍蜉撼大树，可笑不自量。

73. **诗中“名胜”**

（1）桃花潭（安徽省泾县）

（2）庐山（江西省九江市）

（3）钟山（江苏省南京市）

（4）阳关（甘肃省敦煌市）

（5）白帝（重庆奉节县）

（6）姑苏（江苏省苏州市）

（7）巴峡（重庆市）

（8）玉门（甘肃省玉门市）

（9）黄鹤楼（湖北省武汉市）

（10）西湖（浙江省杭州市）

74. **诗词接龙**

一览众山小

小桥流水人家

家书抵万金

金樽青酒斗十千

千里莺啼绿映红

西出阳关无故人

人生自古谁无死

死亦为鬼雄

雄关漫道真如铁

铁马冰河入梦来

75. **五颜六色**

红　绿　紫　蓝　青　白　黄

76. **成语中藏古诗**

远上寒山石径斜，

白云深处有人家

77. **诗人的“外号”**

诗仙——李白

诗佛——王维

诗魔——白居易

诗鬼——李贺

诗豪——刘禹锡

诗狂——贺知章

78. **古诗与修辞**

（1）拟人

（2）夸张

（3）比喻

（4）夸张和比喻

79. **古诗之最**

最憔悴的人——帘卷西风，人比黄花瘦

最高的建筑——不敢高声语，恐惊天上人

最快的船——两岸猿声啼不住，轻舟已过万重山

最长的瀑布——飞流直下三千尺，疑是银河落九天

最真挚的友谊——桃花潭水深千尺，不及汪伦送我情

最难过的心情——问君能有几多愁？恰似一江春水向东流

80. **诗中有谜语**

动物：公鸡

字：思

81. **诗中有节日**

九月九日忆山东兄弟

（唐）王维

独在异乡为异客，每逢佳节倍思亲。
遥知兄弟登高处，遍插茱萸少一人。

节日：重阳节

元日
（宋朝）王安石
爆竹声中一岁除，
春风送暖入屠苏。
千门万户曈曈日，
总把新桃换旧符。
节日：春节

清明
（唐）杜牧
清明时节雨纷纷，路上行人欲断魂。
借问酒家何处有？牧童遥指杏花村。
节日：清明节

古诗十九首（之一）
（汉）佚名
迢迢牵牛星，皎皎河汉女。
纤纤擢素手，札札弄机杼。
终日不成章，泣涕零如雨。
河汉清且浅，相去复几许。
盈盈一水间，脉脉不得语。
节日：七夕节

82. **残缺的诗**

（1）春秋田农

（2）草岁火风古城王情

83. **有韵律的叠词**

（1）历历、萋萋

（2）漠漠、阴阴

（3）萧萧、滚滚

（4）迢迢、皎皎

84. **纠正错别字**

（1）生——声

情——晴

（2）锤——垂

座——坐

85. **“逼”上梁山**

四句诗的首字合起来是：卢俊义反

86. **秀才的名字**

李调元。他作的是一首藏头诗，将每字连起来，便是“李调元也”四字。

87. **菜中有诗**

《绝句》

杜甫

两个黄鹂鸣翠柳，

一行白鹭上青天。

窗含西岭千秋雪，

门泊东吴万里船。

88. **浪费粮食**

锄禾日当午，汗滴禾下土。

谁知盘中餐，粒粒皆辛苦。

89. **杜甫写诗秘诀**

读书破万卷，下笔如有神。

90. **乱字中寻诗**

床前明月光，	白日依山尽，
疑是地上霜。	黄河入海流。
举头望明月，	欲穷千里目，
低头思故乡。	更上一层楼。

91. **动物聚会**

驴子、萤火虫、公鸡、螃蟹、兔子、鳄鱼、蚂蚁

92. **植物荟萃**

葱、藕、牡丹、芝麻
茄子、棉花、灯芯草、花生

93. **天气谚语**

看云识天气：(1)(5)(10)(13)

看风识天气：(2)(6)(14)(16)

看天象识天气：(3)(7)(8)(11)

看物象识天气：(4)(9)(12)(15)

94. **社会谚语**

射人先射马，擒贼先擒王。

若要人不知，除非己莫为。

量小非君子，无毒不丈夫。

良药苦口利于病，忠言逆耳利于行。

笑一笑，十年少；愁一愁，白了头。

95. **卫生谚语**

夏秋无蚊蝇，疾病少九成。

春挖一个蛹，夏灭万只蝇。

疾病蚊子传，填平污水潭。

喝开水，吃熟菜，不拉肚子不受害。

吃瓜果，要洗净，预防肠道传染病。

饭前便后要洗手，免把病菌带入口。

96. **三字俗语**

跑、耍、走、钻、吹、碰、挖

97. **五字俗语**

龙、鹅、书、风、瓢、露

山、船、麻、铁、医、鸭

98. **六字俗语**

闻、灰、牛、羊、马、牛

火、眼、米、鱼、走、墙

99. **七字俗语**

牛、银

雪、月

船、酒

兵、人

100. **八字俗语**

一波未平，一波又起

江山易改，本性难移

天网恢恢，疏而不漏

一着不慎，满盘皆输

一言既出，驷马难追

近朱者赤，近墨者黑

捡了芝麻，丢了西瓜

101. **《三国演义》与歇后语**

(1) 徐庶

(2) 黄盖

(3) 诸葛亮

(4) 马超

102. **《水浒传》与歇后语**

(1) 李逵

(2) 武松

(3) 镇关西

(4) 潘金莲

103. **《西游记》与歇后语**

如来佛捉孙大圣——易如反掌

白骨精遇上孙悟空——原形毕露

花果山猴子——无法无天

孙悟空变山神庙——露了尾巴

孙悟空赴蟠桃会——不请自到

孙大圣拔猴毛——看我七十二变

唐僧的眼睛——不识好坏人

唐僧取经——千辛万苦

猪八戒进女儿国——看花了眼

猪八戒照镜子——里外不是人

104. **《红楼梦》与歇后语**

(1) 林黛玉

(2) 贾宝玉

(3) 尤二姐

(4) 刘姥姥

105. **歇后语中的历史人物**

(1) 姜太公

(2) 梁红玉

(3) 杨五郎

(4) 孙武

(5) 赵子龙

(6) 诸葛亮

106. **歇后语中的神话故事**

(1) 财神爷发慈悲——有的是钱

(2) 财神爷翻脸——不认账

(3) 财神爷敲门——好事临头

(4) 财神爷要饭——装穷

(5) 城隍庙里出告示——吓鬼

(6) 城隍庙里聚会——净是鬼

(7) 城隍庙里卖假药——哄鬼

(8) 大水冲了龙王庙——一家人不认识一家人

107. **孪生兄弟**

(1) 美 (2) 往 (3) 无 (4) 风 (5) 怕 (6) 不

108. **耳熟能详**

(1) 一张一弛，文武之道。

(2) 凡事预则立，不预则废。

(3) 本是同根生，相煎何太急。

(4) 绳锯木断，水滴石穿。

(5) 同是天涯沦落人，相逢何必曾相识。

(6) 天生我材必有用，千金散尽还复来。

109. **吹吹牛皮**

(1) 飞机上弹琵琶——高调

(2) 飞机上挂暖瓶——高水平

(3) 背着唢呐坐飞机——吹上天了

(4) 风钻进鼓里——吹牛皮

(5) 公鸡飞到屋顶上——唱高调

(6) 上嘴皮挨天，下嘴皮贴地——好大的口

110. **数字谚语**

表示做事不考虑周到，干了再说时用：一不做，二不休

表示实实在在，不可更改时用：一是一，二是二

表示一样东西两人平分时用：二一添作五

表示某人干事麻利时用：三下五除二

表示很不容易时用：九牛二虎之力

表示差不多时用：八九不离十

表示距离远时用：十万八千里

111. **成语歇后语**

戴草帽打伞——多此一举

肉包子打狗——有去无回

泥菩萨过河——自身难保

关公战李逵——大刀阔斧

无病抓药——自讨苦吃

彩绣衫上绣牡丹——锦上添花

小葱拌豆腐——一清（青）二白

十五个吊桶打水——七上八下

112. **谐音歇后语**

龙王搬家——（离海）厉害

鼻孔里插葱——装相（象）

精装茅台——好久（酒）

怀里揣小拢子——舒（梳）心

一二三五六——没事（四）

梁山泊军师——无（吴）用

113. **猜猜惯用语**

（1）宰相肚里能撑船

(2) 大水冲了龙王庙

(3) 乱点鸳鸯谱

(4) 八竿子打不着

(5) 不管三七二十一

114. **看看都是谁**

李白

杜甫

范仲淹

诸葛亮

蒲松龄

文天祥

115. **试着对对联**

万水	春来
果实累累	新年新岁新景
学海无涯苦作舟	蜡炬成灰泪始干

116. **画中藏着歇后语**

热锅里的蚂蚁——团团转

竹篮打水——一场空

猪八戒照镜子——里外不是人

猫哭耗子——假慈悲

117. **谚语中有学习法**

三人行，必有我师

书读百遍，其义自见

拳不离手，曲不离口

读书破万卷，下笔如有神

书本不常翻，犹如一块砖

常说嘴里顺，常写手不笨

118. **珍惜时间**

一寸光阴一寸金，寸金难买寸光阴。

少壮不努力，老大徒伤悲。

一年之计在于春，一日之计在于晨。

黑发不知勤学早，白首方悔读书迟。

119. **用功读书**

（1）不耻下问

（2）荒于嬉

（3）下笔如有神

（4）书犹药也

（5）书到用时方恨少

（6）其义自见

（7）始于足下

120. **活学活用**

（1）读书破万卷，下笔如有神

（2）洗心革面，重新做人

（3）只要功夫深，铁杵磨成针

（4）活到老，学到老

（5）天下兴亡，匹夫有责

参考文献

[1] 张国．优秀小学生的智力挑战书：填字游戏［M］．杭州：浙江少年儿童出版社，2012.

[2] 张涛．填字游戏·传奇故事［M］．上海：文汇出版社，2007.

[3] 郝慧敏．风行校园的填字游戏［M］．上海：华东师范大学出版社，2012.

[4] 戴恩．史上最有趣最益智的填字游戏大全集［M］．北京：中国妇女出版社，2012.

[5] 曹翠妍．每天玩一个填字游戏［M］．北京：石油工业出版社，2011.